来学习水果（lái xué xí shuǐ guǒ）

Learn Fruit Names in
Mandarin Chinese with
English Translation

Written by Janice Reuyan

Images are AI-generated

2024

Independently published

ISBN: 978-1-7386058-5-9

苹果 píng guǒ

桃子 táo zi

葡萄 pú táo

无花果 wú huā guǒ

山莓 shān méi

牛油果 niú yóu guǒ

柠檬 níng méng

红枣 hóng zǎo

橙子 chéng zi

葡萄柚 pú táo yòu

西瓜 xī guā

蓝莓 lán méi

芒果 máng guǒ

榴莲

liú lián

草莓

cǎo méi

菠萝 bō luó

火龙果

huǒ lóng guǒ

猕猴桃　mí hóu táo

莲雾 lián wù

柿子 shì zi

persimmon

罗望子 luó wàng zi

About the author

Janice Reuyan is a Chinese-Filipino born and raised in Cebu, Philippines. And now lives in Auckland, New Zealand with her loving husband.

www.ingramcontent.com/pod-product-compliance
Lightning Source LLC
Chambersburg PA
CBHW041819080526
44587CB00004B/138